Titre original : *mujeres alteradas*
©Maitena Burundarena, 2001
www.maitena.com.ar
Traduction française ©éditions Métailié, Paris 2003
www.editions-metailie.com

ISBN 2-86424-482-9

LES DÉJANTÉES **3**

Traduit par Laura Ciezar
Lettrage : Duplumeau

ÉDITIONS MÉTAILIÉ
5, rue de Savoie
75 006 Paris

maïtena

LES DÉJANTÉES 3

La typique double face de la même monnaie
(... et le salutaire juste milieu... il est où ?)

Comment en arriver à une crise de couple

Amours non partagées

Le fil si mince auquel tient le bonheur

Ces quatre maudits chiffres

Quatre âneries que les gens s'acharnent à répéter comme des vérités irréfutables

Quelques autres différences
entre une femme et un travesti

plein de rien

tout pour se sentir belle

Les mères et leur tendance à la compétition

trois tristes tragédies
au moment de s'acheter un maillot de bain

LA CABINE D'ESSAYAGE

C'EST TOUT LE CONTRAIRE DE LA VITRINE DU MAGASIN. TOUT CE QUI NOUS REND DINGUES VU DE L'EXTÉRIEUR, ON RENONCE À L'ACHETER UNE FOIS QU'ON EST LÀ-DEDANS.

ELLES SONT PETITES, INCONFORTABLES, SURCHAUFFÉES ET MAL FERMÉES... MAIS SURTOUT **ATROCEMENT ÉCLAIRÉES**.

Alors...?

DANS LE MEILLEUR DES CAS, ON VIT CE MAUVAIS MOMENT DANS L'INTIMITÉ DE CE MÈTRE CARRÉ. MAIS EN GÉNÉRAL, IL FAUT EN PLUS SUBIR L'HUMILIATION D'ALLER DEVANT TOUT LE MONDE À LA RECHERCHE D'UN MIROIR QUI SE TROUVE... DEHORS.

LE MAILLOT

TROUVER LE MAILLOT QUI NOUS VA BIEN EST PLUS DIFFICILE QUE TOMBER AMOUREUSE DU MEC PARFAIT.
LES BIKINIS SONT DEUX PIÈCES.. QUI NE NOUS VONT JAMAIS BIEN ENSEMBLE.

Prenez les deux... Pour assortir le haut de l'un avec le bas de l'autre...!

CEUX DANS LE COUP DEVRAIENT S'APPELER "DANS LE COUP BAS". ILS SONT AUSSI NULS SUR NOUS QU'UN... MAUVAIS JEU DE MOTS.
LES TRIANGLES SONT POUR LES CORPS PARFAITS, JAMAIS POUR DES CORPS CARRÉS OU RONDS COMME LE NÔTRE.

SI ON CHOISIT LE "UNE PIÈCE"... BONJOUR POUR LE TROUVER!

60% SONT TAILLÉS POUR LES VIEILLES
30% ONT UN MOTIF À FAIRE PEUR
10% SONT TRÈS BIEN ET ON LES TROUVE À NEW-YORK

MAIS LE PIRE... C'EST LES ÉLASTIQUES. ILS ONT L'ÉPOUVANTABLE HABITUDE D'ÊTRE AUSSI SERRÉS QUE NOUS SOMMES MOLLES... D'OÙ LE DÉSAGRÉABLE "EFFET BOUDIN"

NOTRE CORPS

TOUT CE QUE LES VÊTEMENTS DISSIMULENT AVEC AMOUR, LE MAILLOT DE BAIN LE DÉVOILE SANS PITIÉ.

LE DÉCOLLETÉ ÉCHANCRÉ RÉVÈLE LES VERGETURES...
... DANS LE CAS, BIEN SÛR, OÙ IL NOUS RESTE DES NICHONS.

(SI ON N'EN A PAS, ÇA FAIT CARRÉMENT... TRISTE)

SI L'INTENTION EST DE CACHER UNE CICATRICE SUR LE VENTRE, GENRE APPENDICITE OU CÉSARIENNE, ON PEUT TOUJOURS PRATIQUER LA CULOTTE HAUTE... QUI BIEN ENTENDU VOUS APLATIT LES FESSES! (OU CE TRUC QU'ON A LÀ, EN BAS DU DOS...)

ET APRÈS, BEN... NE SONT PLUS EXPOSÉES QUE CES DEUX OU TROIS BROUTILLES IMPOSSIBLES À DISSIMULER (LA MOLLESSE, LES MOLLETS MAIGRES, LES HANCHES LARGES, LE BIDE, LES BRAS FLASQUES, LA BOSSE DE BISON...)

ET BIEN SÛR, **ELLE!** RIEN DE MIEUX QUE LE MAILLOT POUR METTRE EN VALEUR TOUTE SA SPLENDEUR.

NON! Plus de cellulite, nooon...!!

Quand se rend-on compte qu'on est déjà vieille ?

Similitudes et différences lorsqu'on sort avec une bombe

QUAND UN HOMME SORT AVEC UNE FEMME TRÈS JEUNE, C'EST SOUVENT LUI QUI DOMINE

... c'est bien beau tout ça, mais avoue qu'il est un peu vieux, non ? il est pas trop ennuyeux ?

ennuyeux..? il me fait découvrir des endroits incroyables, des gens hyper intéressants et m'achète tout ce qui me plaît...!

QUAND UNE FEMME SORT AVEC UN HOMME TRÈS JEUNE, C'EST SOUVENT ELLE QUI A LE DESSUS

Mais, non, il est pas avec moi pour l'argent, puisque j'ai rien...! Juste mon appart et la boutique...

et lui, il fait quoi..?

des bougies, il est artisan

tsss !

QUAND UN HOMME DÉCIDE DE SORTIR AVEC UNE JOLIE FILLE... IL ATTEND PAS D'ELLE QU'ELLE SOIT TRÈS INTELLIGENTE

Je voudrais un steack frites...

ha ! ha! elle est drôle!

J'adore la sortir...!

QUAND UNE FEMME DÉCIDE DE SORTIR AVEC UN BEAU MEC... ELLE SUPPORTE PAS QU'IL FASSE DES FAUTES D'ORTHOGRAPHE

c'est tout en anglais!

mon Dieu, quel naze !

Pourvu que j'aie pas à le présenter à quelqu'un...

c'est du français!

Quand l'automne arrive

Ces trucs difficiles à retirer

Quatre bonnes raisons pour ne pas vivre dans une maison avec un escalier

Les trucs dont personne ne nous prévient au moment de donner le sein à notre bébé

QUE CE N'EST PAS AUSSI FACILE QUE DANS LES FILMS

QUE PARFOIS LE LAIT TARDE À MONTER

... ET QUE PARFOIS LE BÉBÉ TARDE À APPRENDRE!

PERSONNE NOUS DIT QUE LES MAMELONS PEUVENT FAIRE MAL ET QU'IL Y A DES BÉBÉS QUI MORDENT

NI QU'IL FAUT LE CHANGER DE SEIN AVANT QU'IL NE S'ENDORME

... OU AVANT QU'ON NE S'ENDORME SOI-MÊME!

QUE LE TIRE-LAIT DEVRAIT ÊTRE INTERDIT PAR LA CONVENTION DE GENÈVE

ET QUE CE QUE LE BÉBÉ ATTEND DE LA TÉTÉE CE N'EST PAS SEULEMENT DU LAIT

PARCE QU'ALLAITER C'EST SYNONYME D'AIMER

Dis-moi avec qui tu sors et je te dirai ce que pensent les autres

Preuve d'amour

Équation mathématique

Quelques promenades qu'on peut faire en ville pour se donner l'impression d'être parties en vacances

Ces pesantes situations que renferme une valise

Les quatre premiers trucs qu'on découvre après trois jours de pluie à la plage

Gélatineuses plaies de la Côte

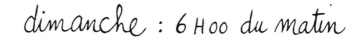

Cette vieille habitude que nous avons, nous les femmes, de rester attachées à un homme

Quatre styles bien définis pour quatre types de femme

BCBG

FAIT DU TENNIS, EST INSCRITE À UN COURS DE FENG SHUI ET S'OCCUPE DE SON JARDIN.

AIME PRENDRE LE THÉ, ALLER À DES RÉUNIONS, DES ANNIVERSAIRES, DES MARIAGES OU SIMPLEMENT AU RESTAU.

SORT AVEC SON MARI OU SES COPINES. RENTRE TOUJOURS EN TAXI.

SEXY

FAIT DES UV, DE LA GYM ET ADORE LE SILICONE.

AIME LES BOÎTES DE NUIT À LA MODE, LES RESTOS BRANCHÉS ET LES FÊTES DE LANCEMENT DE MARQUES.

SORT TOUJOURS ACCOMPAGNÉE... MÊME D'UN AMI HAS-BEEN.

VISIONNAIRE

FAIT DU YOGA, SUIT UNE PSYCHOTHÉRAPIE ET ADORE LA CUISINE ETHNIQUE.

AIME ALLER AU THÉÂTRE UNDERGROUND, AU CINÉMA ART & ESSAI ET AUX VERNISSAGES DES AMIS.

SORT TOUJOURS EN GROUPES IMPAIRS OÙ ON NE SAIT JAMAIS QUI EST AVEC QUI.

ANNÉES 80

VA CHEZ L'ASTROLOGUE, FAIT DU KICK BOXING ET SURFE SUR INTERNET.

AIME ALLER EN BOÎTE, DANS DES FÊTES ET DES BARS BRANCHÉS.

SORT GÉNÉRALEMENT SEULE ET RENTRE ACCOMPAGNÉE.

Quelques petits trucs qu'il vaut mieux éviter au moment d'adapter ce qui est "tendance" à notre style personnel

Bon dimanche

Les rubriques que les lectrices adorent trouver dans leur magazine

"MODE POUR NOUS LES RONDES"

Mais si c'est pour des femmes petites et grosses, pourquoi on les met sur des mannequins grandes et minces ?

... Pour que ça tombe bien.

"RÉGIME MIRACLE"

... je sais pas pourquoi on l'appelle "miracle" si c'est le régime "mangez de tout ce que vous voulez"...

...Parce que si tu arrives à perdre 5 kilos avec ce régime-là c'est un miracle !

"CUISINER EN 5 MINUTES"

... et tu vois ça, je l'ai fait en cinq minutes ...

... oui, ça se voit.

"DOSSIER SPÉCIAL COUPLE"

Que je fasse quoi ?! non mais ça va pas ! tu sors ça d'où... ?

maitena

Je ne l'appellerai plus jamais

Cette classique incompatibilité de priorités

tous les chemins mènent au frigo

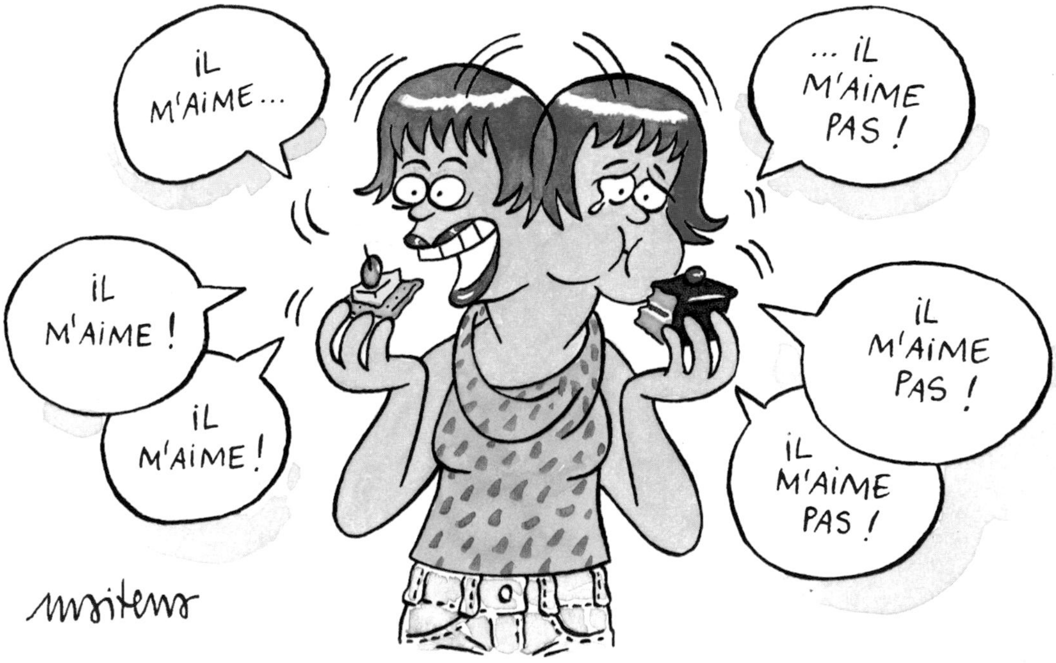

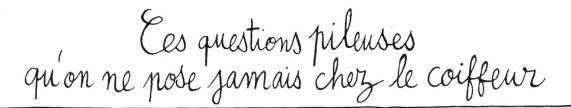

Faites des gosses...

maïtena · 43

Comme ça, fastoche

Les différences esthétiques fondamentales entre...
une jeune fille et une femme d'un certain âge

avant et après son premier anniversaire

Quatre moments de l'allaitement à prendre très à cœur

Quelques autres drogues dangereuses

Quelques vicissitudes de la vie d'artiste

Table
des matières